SUR

L'ALGÉRIE.

SUR

L'ALGÉRIE

MÉMOIRE

ADRESSÉ

AUX CHAMBRES LÉGISLATIVES

PAR ROZEY

Président de la Société Coloniale d'Alger, lieutenant
colonel de la milice africaine, membre du conseil
supérieur de santé, ancien vice-président
de la chambre de commerce
de la même ville.

AVEC APPROBATION

DE LA SOCIÉTÉ COLONIALE, QUI EN AVAIT AUTORISÉ
LA RÉDACTION EN SON NOM, ET QUI, DANS SON ASSEMBLÉE GÉNÉRALE
DU 16 JUILLET 1839, EN A AUTORISÉ LA PRODUCTION ET LA
PUBLICATION SOUS LA RESPONSABILITÉ
DE L'AUTEUR.

Paris

IMPRIMERIE LANGE LÉVY ET COMPAGNIE,
RUE DU CROISSANT, 16.

1839

MÉMOIRE

ADRESSÉ

AUX CHAMBRES LÉGISLATIVES.

Messieurs,

La haute utilité politique maritime et commerciale de l'Algérie, si long-temps controversée et toujours victorieusement proclamée, accrue de toute l'importance des intérêts qui vont se débattre en Orient, a tellement acquis force de chose jugée, qu'il serait oiseux de rentrer sur ce terrain ; cependant chaque année la tribune nationale retentit de réclamations contre cette belle conquête. Si l'on en croyait ses adversaires, cette terre, si incontestablement fertile, si riche d'avenir, serait une lèpre dévorante, sans résultat fructueux possible pour les trésors de la France, et il faudrait s'empresser de l'abandonner ; heureusement aussi que chaque année les chambres, par leur vote éclairé, font justice de ces criailleries intéressées ou ignorantes, respectables seulement chez un petit nombre d'hommes égarés par l'erreur, et qui n'ont d'écho qu'au-delà de l'Atlas, où elles alimentent les espérances et l'ambition de nos ennemis.

La Société coloniale d'Alger, interprète fidèle des sentimens du pays, vient, Messieurs, vous signaler ses progrès, vous faire connaître ses besoins et vous exprimer ses vœux, tous dirigés vers l'accomplissement de la colonisation.

Après sept années d'hésitation gouvernementale, de tergiversations politiques inouïes envers les Arabes, et de dilapidations administratives, fruits de l'ignorance, imputables à la destructive mobilité des administrateurs sur un sol où tout devrait être fixité, véritables calamités auxquelles nous avons dû deux fois le rappel du maréchal Clauzel, qui comprenait la colonisation et l'eût avancée, sans les dégoûts dont on l'abreuva ; le traité de la Tafna, justement flétri par l'opinion et la nationalité arabe qui en découle ; enfin, le gaspillage du sang et de l'or de la France pour des résultats jusque là sinon négatifs, du moins sans proportion avec les sacrifices de la patrie ; après, disons-nous, ces phases néfastes de notre domination sur l'ancienne régence, un homme, dont les pensées ne se révèlent que par les actions, l'illustre vainqueur de Constantine, a pris la direction de nos affaires, qu'il n'enviait pas.

Alliant l'oreille du pouvoir à une énergique volonté d'action, nous avons vu depuis vingt mois, simultanément, dans la ville et la province d'Alger, sous sa main ferme et habile, avancer les importans travaux des quais, du môle, du casernement, des vastes magasins voûtés sous la place, et autres établissemens publics ; nous avons vu s'élever les camps retranchés du Fondouk, de Kara-Mustapha, de Coléah, de Belida, supérieur et inférieur, de Oued-Laley, de l'Aratch, de l'Arba et tous les blokaus permanens de la montagne et de la plaine ; nous avons vu s'ouvrir l'importante tranchée de Belida à Coléah, ainsi que les routes nombreuses qui, de ces camps, aboutissent à Alger et qui d'Alger à la mer en enveloppant la principale portion de la partie réservée de la Mitidja, en avant de laquelle se trouvent le massif et la ville d'Alger, doivent lier entre eux ces points fortifiés et compléter le système de défense.

La confiance communiquée aux colons par ces créations, toutes d'avenir colonial, montrant le bon vouloir de la couronne, a magiquement fait surgir dans toutes les parties de la ville une foule de constructions particulières plus belles les unes que les autres : les places du Gouvernement, de Chartres, de l'Évêché, et les rues de la Marine, Bab—Azoun et Bab-el-Oued, n'auront bientôt plus rien à envier aux plus beaux quartiers de Paris.

Le massif d'Alger, si pittoresque, si varié dans les anfractuosités de son sol, a aussi suivi franchement ce mouvement de progrès; ses jolies maisons de campagne ont été presque partout réparés ou reconstruites ; des masses d'oliviers ont été greffés et de nombreuses plantations de mûriers ont eu lieu; enfin quelques coins de terre seulement, dont les propriétaires sont absens ou inconnus, ont été négligés.

Des motifs que nous approuverions peut-être s'ils nous étaient connus ont jusqu'ici tenu les agriculteurs européens éloignés de la Mitidja ; c'est à leurs risques et périls que les plus hasardeux d'entre eux, en s'y installant courageusement les premiers, il y a environ quatre-ans, et le plus grand nombre, sous l'administration actuelle, y ont planté les premiers jalons de la colonisation. On y compte aujourd'hui jusqu'à trente-sept fermes européennes, principalement groupées dans la partie centrale de Beni—Moussah, malheureusement encore en dehors de toute protection armée, nos soldats ne sortant pas du camp pendant la nuit.

La formation d'un village agricole européen dans la Mitidja est une de ces inspirations heureuses dont la colonie doit remercier le maréchal Clauzel, qui la méditait depuis longtemps et qui a fait tous les frais de son exécution en distribuant gratuitement aux colons des terres de son domaine de

8

Baba-Ali. Si Clauzelbourg, par sa position trop rapprochée des marais, n'atteignait pas la durée que s'est proposé de lui donner son généreux auteur, il n'en résulterait pas moins un immense bienfait pour la colonisation, cette création ayant fait élever comme par enchantement sur les domaines de l'état, aussi concédés gratuitement, les villages de Noirlouse, l'Arba, Souckali, Mimouche et Boulády-Jourach, dont les plans, aussi activement qu'habilement développés par le directeur du cadastre, étaient dans la pensée du gouverneur, et qui, plus salubrement situés, comptent déjà d'assez nombreuses populations de travailleurs. Tout est disposé pour que bientôt les fermes du domaine Boudoudoux et Beyelgarde prennent un semblable aspect.

D'autres villages plus populeux encore existent aux abords de tous nos camps, et celui du Fondouk compte deux cent cinq habitations ; mais ces derniers ne sont peuplés que de cantiniers, parce qu'on n'a pas encore permis à l'agriculture de s'y asseoir.

La Société coloniale fait des vœux pour que l'organisation de la province de Constantine en cercles avec des chefs indigènes ait les succès qu'en espère notre digne gouverneur.

L'occupation de Stora, la création de Philippeville sur cette célèbre plage, la prise de possession de Gigelli, de Toumiets, de Redyas, de Dyinulah et de Sétif, la route ouverte de Stora à Constantine, sont des faits-accomplis qui font honneur à nos armes, et qui, pour les trois premiers points, entrant dans un système d'occupation générale des ports du littoral, assureraient notre domination sur l'Algérie.

Nous devons encore au maréchal Valée l'organisation d'une nombreuse gendarmerie ; son installation dans la Mitidja que l'on prépare anéantira le brigandage. Le rapport de l'arrêté du 8 juillet 1837, qui plaçait nos établissemens agricoles de cette plaine sous la juridiction des conseils de guerre, est un bienfait qu'on apprécie, et il en est de même de la réorganisation de la milice africaine sur un meilleur pied : on s'en occupe en ce moment.

Honneur donc au maréchal Valée qui, gêné par les circons-
criptions du traité Bugeaud, a fait de si grandes choses ! Sa
sollicitude pour la colonie ne s'arrêtera pas en si beau chemin ;
il a compris nos besoins ; nous sommes heureux de le remercier
devant les mandataires de la nation, et les pairs du royaume ;
pour ceux qu'il a déjà satisfaits, puisse ce témoignage éclatant
de notre gratitude et les encouragemens de l'approbation des
deux chambres, lui faire achever ce qu'il a si résolument
commencé, et puissions-nous bientôt avoir à lui exprimer notre
vive reconnaissance pour les améliorations d'urgence sur lesquelles, Messieurs, la Société coloniale appelle la sérieuse attention du gouvernement.

La continuation active de toutes les créations suivies ou
commencées par le maréchal Valée dans les ports du littoral et
dans la province d'Alger, notamment des routes, quais, du
môle d'Alger, des établissemens publics et des camps qui doivent compléter le système de défense de la Mitidja, sont les
premières choses sur lesquelles nous appelons la sollicitude des
trois pouvoirs.

Les adversaires de la conservation d'Alger ne manqueront
pas d'aborder encore la question par cette accusation banale,
reproduite chaque année : « Vous avez dépensé des sommes
» énormes pour votre colonie d'Afrique, qu'a-t-elle pro-
» duit ? » Accusation d'autant plus accablante que, sous le
rapport agricole, elle a une apparence de vérité ; cependant ils
savent fort bien que nos efforts dans le massif d'Alger, livré à
la petite culture, où notre activité reste enchaînée, ne peuvent
se manifester par de l'huile et de la soie que dans quelques
années, et que c'est seulement dans la Mitidja que des résultats immédiats en céréales, en tabac, en coton et en indigo,
peuvent s'obtenir. Les trente-sept établissemens que nous
avons signalés, intréprides éclaireurs de la civilisation sur le
sol brûlant de la piraterie et du meurtre, ont victorieusement
résolu, par d'heureux essais, le problème de production de
ces diverses denrées, production qu'on ne contesterait plus
sans passion. Plusieurs ont récolté en abondance des blés ten-

dres, qui peuvent rivaliser avec les plus belles qualités de France (1), et l'un d'entre eux compte cette année parmi ses cultures quinze hectares de coton.

Si le besoin de produire arrache à l'impatiente imprudence de quelques hommes aventureux, sous le coup du yatagan arabe, des résultats aussi significatifs, la France, en assurant la sécurité à ceux plus réservés, qui sont prêts à les imiter, pourra non seulement compter sur le terme de ses sacrifices, mais arriver par degrés à rentrer dans ses avances. Nous appelons donc de tous nos vœux l'occupation immédiate et spontanée de la partie française de la Mitidja, comprenant Belida et Coléah, comme devant mettre, au dehors, un terme aux incertitudes perfidement entretenues sur la colonisation et comme devant affranchir les colons des charges ruineuses que depuis neuf ans ils supportent sans compensation, en servant des rentes sur des biens légalement et loyalement acquis, dont pour quelques uns l'existence est équivoque, et qu'un grand nombre n'ont point encore eu la possibilité d'aller voir faute d'autorisation et de sécurité.

Loin de nous la pensée, Messieurs, de récriminer contre la sévérité des ordres qui nous ferment l'accès de la plaine au-delà de Bouffarick, et qui nous interdisent la possibilité d'y établir nos cultures : établissemens non encouragés, et seulement tolérés en deçà. Nous avons trop de foi dans le bon vouloir du gouverneur pour ne pas concevoir que ces dispositions, si nuisibles à nos intérêts, ont été conçues dans le louable es-

---

(1) Le sieur Moreau, concessionnaire à Dely-Ibrahim, a obtenu trente-cinq pour un en blé tendre, sur un champ défriché à la pioche. Un arpent de pommes de terre a rendu au même colon cent dix-huit quintaux métrique de ce tubercule, qu'il a vendus à 10 fr., soit 1,180 fr. Il a cette année (1839) du blé de cinq pieds de haut avec des épis de cinq pouces de longueur.

M. Farou, fermier de M. Bartolony, a obtenu sur un terrain fumé, après une belle récolte de pommes de terre, faite par son prédécesseur, vingt-huit pour un de blé tendre ; cet engrais a produit, la troisième année, ving-six quintaux métriques par arpent de Paris, de foin naturel.

poir de nous soustraire à l'assassinat, et qu'elles rentrent dans sa pensée de prise de possession de la Mitidja sans colision, quand il en aura complété la défense ; mais en rendant hommage à ses philantropiques intentions , notre devoir, Messieurs, nous impose de vous éclairer sur cette importante question.

Depuis 1833, Belida avec son site enchanteur, son climat sain et tempéré, ses vivifians cours d'eau, ses agréables maisons et ses vastes et magnifiques orangeries, les unes et les autres presque toutes acquises par des Européens, a été le point de mire des observateurs pour qui la colonisation n'est pas un rêve : c'est là à leurs yeux pénétrans qu'elle peut s'enraciner et étendre ses rameaux en retour sur Alger avec le plus de succès ; parce que habitations, salubrité, vergers, jardins et bonnes terres en sont les infaillibles élémens. La population civile tout entière devait saluer et salua en effet la prise de possession de cette cité par nos soldats avec le plus vif enthousiasme ; elle se croyait appelée, après une aussi longue attente , à organiser immédiatement ses charrues à l'ombre de leurs baïonnettes. Une année s'est écoulée sans que rien ait assigné un terme à sa juste impatience, et, à part l'exhubérance d'activité, qui , à tous risques, a enfanté les cultures européennes du Beni-Moussah , la colonisation, en déhors du massif d'Alger, a forcément stationné et doit, dit-on, conserver encore cette affligeante position pendant les deux années nécessaires à l'achèvement des travaux de défense tracés par notre gouverneur. Si telles étaient ses intentions, nous les respecterions , parce que, dans notre croyance, elles seraient le résultat de ses convictions ; mais nous travaillerions à l'en faire revenir, comme nous allons entreprendre de demontrer l'inutilité nuisible des temporisations, qui depuis un an tiennent l'agriculture l'arme au bras.

M. le maréchal Valée, ainsi qu'il s'en est expliqué il y a environ deux mois, en nous tenant éloignés du théâtre de ses créations défensives dans l'ouest, a voulu : 1° s'affranchir des tracasseries qu'auraient pu lui susciter les propriétaires européens pour les terrains et maisons dont il s'est vu dans la nécessité de disposer ; 2° nous préserver du fer homicide des Arabes ; 3° prévenir ainsi toute collision avec l'émir ; 4° enfin empêcher l'émigration de la masse des indigènes que notre contact subit eût pu provoquer.

La solution favorable à notre demande de ces quatre points sera facile :

Sur le premier : L'administration d'Afrique n'a pas encore perdu l'habitude de s'emparer, même en ville, des immeubles des particuliers nécessaires à son service, sans indemnité préalable. D'ailleurs, trois mois après l'installation de nos braves dans les deux camps de Belida, il n'y avait plus d'entraves pour cette cause à redouter.

Sur le deuxième : Le yatagan du féroce Hadjoute, établi dans le voisinage de la Chiffa, ne nous a point atteints au-delà de Bouffarick, parce que nous avons été exclus de cette partie de la plaine. Rien ne nous préservera d'en être accidentellement victimes, dès qu'on nous permettra de nous y installer, si comme aujourd'hui on le laisse librement circuler dans nos lignes.

Sur le troisième : La collision prévue avec l'émir, si elle devait se déclarer pour la cause qui précède, ne serait que retardée, parce que, si d'un côté les chances de meurtre, et par conséquent de représailles, sont diminuées par le complément de notre système de défense, de l'autre elles s'accroîtront de toute l'audace que notre longanimité, toujours attribuée à faiblesse par ces barbares, leur aura donné.

Sur le quatrième : Lorsqu'en 1830 nous entrâmes victorieux dans Alger, à part les Turcs que maladroitement nous en expulsâmes, les Musulmans, à fanatisme religieux et à préjugés antipathiques aux chrétiens, seuls s'expatrièrent. Il en eût été de même à Belida. Ces hommes acharnés que nous nous efforçons en vain de retenir, et qui s'en vont en détail, s'éloignant en masse, auraient purgé tout d'un coup la cité d'ennemis dangereux, et nous aurions, comme à Alger, conservé les moins hostiles. Le résultat, d'une manière moins sensible à la vérité, sera le même lorsqu'on nous permettra de nous y établir.

A ces considérations particulières nous en ajouterons une générale qui sera appréciée par ceux connaissant bien le caractère des Arabes ; la voici :

L'apparition des cultivateurs européens à la suite des colonnes qui ont pris possession de Coléah et de Belida leur aurait paru une conséquence toute naturelle du traité de la Taffna, à l'exécution duquel ils étaient résignés ; quelques imprudens auraient été assassinés, malheur que plus tard nous n'éviterons pas ; mais aucune collision ne s'en serait suivie ; l'administration militaire, à la vérité, aurait eu des embarras à surmonter, et la colonisation, en revanche, compterait déjà quelques milliers de travailleurs de plus, qui, bientôt appuyés par d'autres, ne tarderaient pas à se défendre eux-mêmes du brigandage.

C'est avec la plus profonde conviction, Messieurs, que la Société coloniale vous supplie d'appuyer cette manifestation. Il est important que le gouvernement y satisfasse d'ici à la fin d'août, pour que la production ne perde pas encore une année.

Des fonds avaient été votés pour l'assainissement des plaines de la Mitidja et de la Seybouse ; aucuns travaux importans dans ce but n'ont été continués ni entrepris : c'est une omission que notre gouvernement, d'ailleurs si vigilant, s'empressera de réparer dans l'intérêt du soldat à qui il porte une si tendre sollicitude. La Société coloniale, Messieurs, réclame une large part au budget pour cet important chapitre.

Depuis la conquête, la France a payé des sommes considérables à l'Italie pour les foins nécessaires à l'approvisionnement de l'armée d'Afrique, tandis qu'on en laissait périr sur pied dans la seule Mitidja des masses dépassant les besoins du service, dont la valeur eût enrichi la colonie. Une grande amélioration s'est opérée cette année : M. l'intendant militaire Melcion d'Arc, à qui nous en votons de sincères remercîmens, sur la facilité accordée par le gouverneur de les exploiter, depuis long-temps pénétré qu'il était plus avantageux de prendre les foins indigènes de 9 à 10 fr. le quintal métrique, selon les localités, que de payer ceux d'outre-mer, moins bons, de 14 à 18 fr. comme cela avait eu lieu les années précédentes, a reçu des soumissions pour plus de 100,000 quintaux qui vont jeter un million d'espèces dans la seule province d'Alger et donner la vie à l'agriculture jusque-là si maltraitée.

Le perfectionnement d'une mesure si salutaire est trop important pour que la Société coloniale ne supplie pas la Chambre de lui accorder tout son appui.

Jusqu'ici les colons propriétaires dans la plaine, incertains du placement à un prix raisonnable de leurs foins, et en outre arrêtés par les moyens de transport, absorbant souvent plus de la moitié de leur valeur, les ont laissé dévorer par les troupeaux divaguants ou sécher sur pied (1). Il n'en sera plus ainsi, si M. le ministre de la guerre veut bien rendre un arrêté et le faire publier d'ici en octobre, portant que l'administration militaire d'Alger recevra une quantité déterminée de foins de la récolte de 1840, soumissionnée avant la fin de mars sur chacun des points de l'Algérie, au tarif qu'il fera en même temps connaître, et qui, pour Alger, ne devra pas être au-dessous de 9 à 10 fr., et exceptionnellement 11 fr., le quintal métrique, pour quelques points d'un difficile abord.

Cet avis efficace du ministre fera garder, nétoyer les prairies où l'on peut aller sans danger, et organiser une multitude d'attelages qui, infailliblement après la récolte, seront employés à la culture dont ils accéléreront le développement. D'un autre côté, si le tarif pour Oran et autres points de la côte qui ne produisent pas de fourrages est avantageux, certains d'entre eux ne balanceront pas à faire l'acquisition de prés ici et à soumissionner en foins indigènes pour ces fournitures, et cela augmentera d'autant la somme de bien-être que la colonie attend de cette amélioration qui fera mettre en valeur une im-

(1) Ces transports sont si insuffisans qu'une partie des récoltes dans l'ouest courent risque d'être abandonnées.

mense quantité de terres et préparera (avec le temps) sur cette branche du service la diminution des charges de l'état par la réduction du prix des fourrages.

Nous classerons encore, parmi nos besoins incessans, la réunion de l'Algérie à la France comme partie intégrante de son territoire législativement prononcée, et déjà demandée par la Société coloniale, le 16 janvier 1837, dont une pétition aux deux Chambres couverte, avec adjonction de colons, de onze cent trente signatures.

Une nouvelle organisation de la justice, mieux appropriée à nos besoins et l'inamovibilité des juges, seule garantie réelle des justiciables.

Dans l'organisation actuelle, l'actif labeur de quatre juges, opérant séparément et simultanément, initiés à la science parfaite de rendre des arrêts et y consacrant tout leur temps, ne rempliraient qu'imparfaitement la lourde tâche imposée au seul magistrat chargé de juger en première instance les causes en matière civile au tribunal d'Alger. Aussi, combien d'intérêts ne sont-ils pas involontairement sacrifiés sans que les victimes puissent soupçonner la conscience du juge qu'ils savent souvent n'avoir pas été suffisamment éclairée.

A Bône et à Oran, ces malheurs sont plus déplorables encore, en ce qu'ils assument sur la tête du juge, outre les affaires civiles jugées comme à Alger en deuxième ressort jusqu'à la concurrence de 1,000 fr., la responsabilité des jugemens en police correctionnelle et en matière criminelle susceptibles d'appel toutefois.

L'indépendance et le nombre illimité des avocats, compléteraient le bienfait de cette mesure.

La levée du séquestre qui réduit une multitude de familles à la misère et au désespoir.

Le rapport de la disposition de l'arrêté du 10 juillet 1837 qui défend, sous peine de destitution, aux notaires, cadis et rabbins, de passer aucuns actes translatifs des propriétés situées au-delà d'une ligne tracée dans la Mitidja, en arrière de Bouffarick, en regard du sud-ouest, anomalie incompréhensible qui nous empêche de disposer des biens que nous avons dans cette zône, quand le retard d'une annuité de la vente dont ils sont généralement grevés, nous expose à en être dépossédés par nos tribunaux français.

Les indemnités pour dépossessions, occupations, etc., etc., enregistrées par la commission Baude, en 1836, mesure qui n'a, jusqu'ici, eu d'autre résultat que de priver les réclamans de leurs titres qu'on leur a fait déposer.

Une loi abolissant les substitutions de Habous et autorisant au denier dix le rachat des rentes perpétuelles, grevant presque tous les immeubles en Algérie. On a déjà écrit des volumes sur ces deux importantes matières qui les résolvent dans le sens de notre demande. Le jour où la législation s'en occupera, la société coloniale s'empressera de lui payer le tribut de ses faibles lumières par la production d'un mémoire qu'elle a préparé.

La première condition de notre existence est la sécurité sur tous les points où nous devons exercer notre industrie agricole. Nous avons démontré combien notre vénérable gouverneur a travaillé à l'assurer dans la partie française de la Mitidja, il en possède tous les élémens, et le jour où il en voudra faire la complète application, nous en jouirons ; mais pour la consolider sans retour, même en cas de rupture avec l'émir, une nombreuse population européenne est indispensable. Le gouvernement doit donc, par tous les moyens possibles, en favoriser l'arrivée. L'élan de son apparition sera donné quand le gouverneur nous dira : « Asseyez vos cultures dans la » plaine. » La confiance qu'inspireront ces paroles sacramentelles, sera un appel entendu des capitalistes, et de tous points des populations de travailleurs s'ébranleront pour venir à nous (1). Alors que tous les bâtimens de l'état, chargés du

____

(1) Les passages gratuits, jusqu'ici accordés, sont insuffisans et surtout désastreux pour certains émigrans, par les difficultés à vaincre pour les obtenir. L'élévation du tarif des places payantes et plus encore leur incommodité et les désagrémens qui s'en suivent, éloignent une foule de

service d'Afrique, nous les amènent sans obstacle dès qu'ils se présenteront à Toulon, et en outre, qu'une légère allocation au budget permette aux préfets d'accorder, à ceux qu'ils en jugeront dignes parmi les nécessiteux, les subsides de route du soldat, du lieu de départ à celui d'embarquement, et bientôt la colonisation ayant, jusqu'ici, marché à pas lents, sera une vigoureuse réalité.

Les intérêts des Européens dans leurs transactions immobiliaires avec les indigènes, continuent à être aussi déplorablement que scandaleusement sacrifiés par les écrivains des cadis, chargés de rédiger ces actes en langue arabe ; les duperies, les exactions et les spoliations sans nombre qui ont été et sont encore la conséquence de ce funeste ordre de choses, ne peuvent toutes être attribuées au malentendu. *L'Européen peut d'autant moins s'y soustraire, qu'il n'a la possibilité de lire, en français, la traduction de son contrat que plusieurs jours après qu'il a effectué le paiement de la chose, toujours exigé au moment de sa passation, c'est-à-dire avant la traduction qui n'a lieu qu'après l'enregistrement.* Un mémoire remarquable de la Chambre de commerce d'Alger, publié à la suite de l'ouvrage de Joanny Pharaon, sur les législations française, musulmane et juive à Alger, édition de 1835, adressé à M. Laurence, commissaire spécial de la justice, le 8 janvier 1835, et tout aussi infructueusement reproduit par ce corps, en 1836, à M. Loyson, procureur général par interim, flétrit énergiquement les abus crians dont en partie il énumère les déplorables conséquences; il conclut en suppliant le gouvernement de retirer aux cadis l'attribution de passer les ventes de biens entre Français et indigène, et, subsidiairement, à ce que des hommes spéciaux, versés dans la connaissance des deux langues, soient nommés immédiatement près de ces magistrats, en qualité de commissaires du roi, pour veiller à ce que les contrats soient l'expression fidèle des conven-

d'affaires et de curieux aisés que de meilleurs arrangemens feraient
contribuer à la prospérité du pays.

tions des parties, et leur soient délivrés avec la traduction française en regard du texte arabe ; cette amélioration qui ne coûterait rien à l'état en faisant rétribuer les commissaires par les contractans d'après un tarif, ne peut être assez appréciée. (Voir à la fin la reproduction de ce mémoire.)

Enfin, Messieurs, des caïds français, possédant bien la langue arabe, avec des adjoints choisis parmi les indigènes les plus dévoués à notre cause, soustrairaient nos alliés de la Mitidja à la rapacité de leurs chefs actuels, dont ils ont tant à se plaindre, nous préserveraient de trahisons possibles et completteraient ce que la Société coloniale place sur la première ligne de nos besoins.

Examinons maintenant, Messieurs, les améliorations dont l'œuvre du temps peut seule et successivement doter ce beau pays et que la Société coloniale appelle de tous ses vœux.

Quand, par la religieuse observance d'une paix peu favorable à la France, nous aurons amené la puissance que nous avons élevée à des sentimens non équivoques de bon voisinage, que nous aurons éteint les velléités agressives qu'elle ne déguise pas assez (1), ou que sa persistence dans cette fausse voie nous aura forcés de l'écraser ; enfin, quand nous n'aurons plus d'hostilités sérieuses à redouter, la mission de nos braves étant remplie, nous invoquerons, comme le plus grand des bienfaits, un gouverneur civil, ayant sous ses ordres un lieutenant-général commandant les troupes.

---

(1) L'intimidation est une arme qu'Abd-el-Kader manie habilement pour attirer les populations musulmanes de nos possessions à lui : ses agens secrets, parlant en son nom, ont répandu parmi celle d'Alger que bientôt il viendrait s'emparer de la ville, qu'il confisquerait les biens et ferait trancher les têtes de tous ses coréligionnaires qu'il y trouverait. Cette menace porte ses fruits et chaque jour, depuis bientôt un mois, voit s'acheminer d'Alger vers Miliana des caravanes nombreuses d'émigrans maures et arabes avec leurs femmes et leurs enfans. Si cela continue, la haute ville, essentiellement occupée par eux, sera bientôt déserte. Il y a quelque chose à faire pour arrêter ces désertions : par exemple, éviter jusqu'au soupçon du prosélytisme religieux.

Nous demanderons un conseil colonial électif à l'instar de ceux créés pour nos colonies transatlantiques par la loi du 24 avril 1833. Nous envisagerions dès aujourd'hui cette création comme une bonne fortune pour le pays si le gouvernement en dotait l'administration actuelle.

L'établissement d'un lazaret sur des bases larges est à lui seul un grand élément de prospérité pour la colonie. Déjà deux fois la chambre de commerce d'Alger, consultée par l'autorité, a donné une solution favorable à cette importante question.

Le cadastre de la Mitidja aiderait, par la connaissance des propriétés qui en serait la conséquence, l'autorité à rendre un arrêté interdisant à tout indigène non propriétaire le droit qu'il s'arroge aujourd'hui d'en exploiter les terres et dévaster les bois, en l'obligeant, s'il y voulait rester, à y avoir un domicile connu comme fermier, colon partiaire ou ouvrier : cela faciliterait beaucoup la police à assurer la tranquilité. Le zèle de M. *Baby Duvernay*, chef de ce service, n'a pas besoin d'être stimulé, il suffit de lui donner des ordres pour obtenir de bons et prompts résultats.

Amener les Arabes à se soumettre à l'état civil serait une importante victoire de la civilisation sur la barbarie. Une légère prime en argent accordée à ceux qui viendraient annoncer la naissance d'un fils ou le décès d'un parent, quelques droits civils concédés à ces nouveaux nés et aux époux qui feraient enregistrer leur union à la mairie conduiraient par degrés à ce résultat.

Rien n'a été fait jusqu'à présent pour convaincre les indigènes de l'avantage qu'ils auraient à entrer franchement en relation avec nous : un journal dans les deux langues, les textes en regard, qui, sous la direction du gouvernement, traiterait d'intérêts purement matériels, atteindrait ce but. Ils ne savent pas au juste ce que nous voulons d'eux, Abd-el-Kader nous calomnie, nous leur ferions facilement voir le vide de son influence et nous aurions beaucoup à y gagner.

Un bon théâtre, largement subventionné par l'administration., attirerait à Alger une affluence considérable de familles riches qui, en hiver, viendraient jouir de la douceur du climat, et cette population mobile concourrait puissamment à l'aisance et à la prospérité de la ville ; l'art dramatique exercerait aussi une puissante action civilisatrice sur les indigènes qu'on voit quelquefois au spectacle et qui s'habitueraient par degrés à le fréquenter.

L'incorrection et l'incomplément des dictionnaires arabe-français connus font impérieusement sentir ce vide qu'il est nécessaire de remplir. La Société coloniale verrait avec gratitude la munificence du gouvernement rétribuer généreusement une commission de savans spéciaux qu'il chargerait de cet important travail, faisant la contre partie du Dictionnaire français-arabe d'Elions Boitar.

Il serait utile aussi de créer un dictionnaire complet français-arabe et arabe-français dans le dialecte algérien. La lacune qui existe à cet égard est une entrave presque insurmontable pour les Français qui veulent apprendre cet idiome par principes. La production de ces ouvrages serait un des moyens les plus infaillibles de civilisation que nous puissions employer envers les indigènes. En thèse générale, quand les hommes peuvent se parler ils ne sont pas éloignés de s'entendre.

Depuis long-temps la philantropie cherche à concilier les exigences de la société envers ceux de ses membres repris de justice qui ont subi des peines infamantes et qu'un fatal préjugé lui fait repousser de son sein, avec l'humanité que leur déplorable position commande. Une colonie agricole, où la possibilité de se créer un avenir par le travail et où tous les moyens de s'améliorer leur seraient sagement préparés, a semblé aux bons esprits devoir atteindre ce but. La France, sur un des points du vaste litoral de l'Algérie, pourra réaliser cette heureuse pensée quand elle l'aura suffisamment mûrie. Les avantages qui en résulteraient pour la métropole et la colonie ne sauraient être contestés.

La Société coloniale arrête ici ses citations qu'elle pourrait étendre à l'infini tant l'Algérie a besoin de progresser, et tant elle renferme d'élémens de production et de prospérité. Elle ne laissera, opportunément, échapper aucune occasion de vous signaler les uns et les autres, Messieurs, quand elle jugera votre appui utile à leur développement.

La Société coloniale se résume.

Elle vous a, Messieurs, fait connaître la situation matérielle de la colonie sous le rapport de la colonisation ; elle vous a initiés aux importans travaux exécutés sous le maréchal Vallée ; elle a ensuite signalé les améliorations dont le pays a besoin d'être immédiatement doté et celles qui doivent être l'œuvre plus lente des circonstances et du temps. Elle a placé dans la première cathégorie :

1° La continuation active des travaux suivis ou entrepris sous l'administration actuelle, dans les ports du litoral et la province d'Alger, comprenant les routes, les camps, les quais, le môle d'Alger et les établissemens publics ;

2° L'occupation immédiate par les colons, de la partie française de la Mitidja, comprenant Belida et Coléah, pour que l'année 1840 ne soit pas encore perdue pour la production ;

3° L'assainissement de la Mitidja et de la Seybouse par les moyens les plus prompts et les plus efficaces ;

4° Un arrêté ministériel, publié d'ici en octobre prochain, indiquant aux colons les quantités de foins que le gouvernement recevra en 1840 sur les divers points de l'Algérie aux prix qu'il fixera pour chaque localité ;

5° La réunion de l'Algérie à la France consacrée par une loi ;

6° Une nouvelle organisation de la justice et l'inamovibilité des juges ;

7° Le nombre illimité et l'indépendance des avocats ;

8° La levée du séquestre ;

9° Le rapport de la disposition de l'arrêté du 10 juillet 1837, frappant d'interdiction les immeubles situés au-delà de Bouffarick ;

10° Le règlement des indemnités pour dépossessions immobilières, occupations, etc., etc.

11° Une loi abolissant les substitutions de habous et autorisant le rachat des rentes perpétuelles au denier dix ;

12° La sécurité protectrice de l'agriculture dans la Mitidja consolidée par l'accroissement des populations européennes ; accroissement favorisé par un système large d'émigration assurant aux émigrans nécessiteux des subsides du lieu du départ à celui d'embarquement, et pour tous le passage gratuit sur les bâtimens de l'état à leur arrivée sans entraves ;

13° Diminution du prix des places payantes à bord des paquebots à vapeur et amélioration dans ce régime ;

14° Le retrait aux cadis de l'attribution de faire les transactions immobiliaires entre Français et indigène ; ou subsidiairement la nomination auprès de ces magistrats de commissaires du roi, possédant bien les deux langues, chargés de veiller à ce que les contrats soient bien l'expression de la volonté des contractans ;

15° Des caïds français parlant bien arabe en remplacement de ceux indigènes.

Dans la seconde cathégorie, la Société coloniale a placé :

16° Un gouverneur civil ayant un lieutenant général sous ses ordres ;

17° Un conseil colonial électif dont nous serions heureux de jouir dès aujourd'hui ;

18° L'établissement d'un lazaret ;

19° Le cadastrement de la Mitidja ;

20° Des mesures conciliantes et temporisatrices pour amener les indigènes à se conformer à l'état civil ;

21° Un journal dans les deux langues sous la direction du gouvernement ;

22° Un théâtre largement subventionné par l'administration ;

23° Un dictionnaire arabe-français, en langue savante ; un autre dictionnaire français-arabe et arabe-français , dans l'idiome algérien, dont l'exécution serait confiée à des savans spéciaux ;

24° Une colonie agricole sur un point du litoral, où les repris de justice ayant subi des peines infamantes trouveront de l'adoucissement à leur position exceptionnelle.

Alger, le **16** *juillet* **1839.**

Le président de la Société coloniale,

ROZEY.

Extrait du procès-verbal de la séance de l'assemblée générale de la Société coloniale d'Alger du 16 juillet 1839.

. . . .

« L'ordre du jour appelle la lecture du mémoire à adresser aux Chambres législatives, dont la rédaction avait été confiée à une commission de quatre membres ; le rapporteur de cette commission, M. Rozey, président de la société, prend la parole et fait observer que le travail qu'il a coordonné sur l'ensemble des notes produites par ses trois collègues, auxquelles il a joint celles qui leur étaient échappées, n'avait point été délibéré entre eux parce qu'ils ne s'étaient pas trouvés en nombre aux deux réunions assignées à cet effet, et que, par ce motif, le travail devait être considéré comme lui étant propre ; qu'ainsi présenté à la commission centrale dans sa séance d'hier, cette commission en avait unanimement renvoyé la seconde lecture et la discussion à l'assemblée générale de ce jour extraordinairement convoquée.

» Le secrétaire donne lecture de cette pièce ; elle est écoutée avec attention.

» Après une assez longue discussion, à laquelle plusieurs membres prennent part, il est reconnu que le temps nécessaire pour délibérer paragraphe par paragraphe sur un aussi long travail en rendrait l'envoi impossible par le prochain courrier, et vu l'urgence, la Société en adopte le principe dans son ensemble, vote des remercîmens à l'auteur et l'autorise à le produire et à le publier sous sa responsabilité personnelle. »

Pour extrait conforme,

Alger, le 17 juillet 1839.

En l'absence du secrétaire,

A. TOBLER.
Membre de la Société.

» Monsieur,

» La Chambre de commerce d'Alger a l'honneur de recommander à votre attention la réclamation qui lui a été adressée par dix-sept Israélites indigènes, au nom de leurs co-religionnaires. Elle vous en remet ci-joint copie conforme certifiée.

» Si aux cadis appartient la police réglementaire de leurs audiences, la Chambre croit que cette attribution ne peut aller jusqu'à leur laisser la faculté d'en exclure qui que ce soit, ces audiences étant publiques devant les lois musulmanes, et surtout devant les lois françaises, également protectrices de tous les cultes.

» L'exercice de cette faculté, dans le cas qui se présente, serait monstrueux en ce que, outre la réprobation qu'il ferait peser sur la nation juive, il frapperait ses membres d'interdiction dans une partie de leurs droits civils.

» En effet, il ne s'agit pas seulement ici de priver les Juifs de concourir, dans l'intérêt social, à la publicité des jugemens des cadis, mais de leur enlever le droit qu'on ne peut leur contester, de stipuler personnellement dans les transactions commerciales ou immobilières qui leur sont propres, ou d'assister comme intermédiaires requis dans ces mêmes transactions que ces magistrats sont appelés à rédiger authentiquement, entre Juifs et Musulmans, Juifs et Européens, Musulmans et Européens.

» Sans s'arrêter à leur inadmission à contracter pour leurs affaires particulières devant les cadis, parce que cette inadmission ne peut être réelle, la Chambre de commerce pense que la mesure qui les priverait d'assister à la passation des contrats arabes, entre indigènes et Européens, pour des opérations traitées par leur entremise hors l'étude des cadis, comme cela se pratique toujours, serait à la fois arbitraire, entravant et préjudiciable aux intérêts des contractans.

» Les quatre Maures récemment installés en vertu de pouvoirs encore ignorés, fonctionnant auprès des cadis, et se qualifiant, ainsi que la Chambre s'en est assurée, de courtiers de biens, interprètes pour la passation des actes arabes, au profit desquels l'exclusion des juifs paraît avoir été prononcée, loin de suppléer à l'incapacité de ces derniers dans la connaissance des langues, si nécessaire à cet emploi, ne font que faire ressortir davantage le vide immense qui, sous ce rapport, reste à remplir auprès de la juridiction musulmane.

» La Chambre de commerce, ne répudiant aucune occasion, même hors de ses attributions, de signaler à l'autorité toute espèce d'amélioration d'intérêt public, s'étonne que ce vide ait jusqu'ici échappé à l'investigation du pouvoir. Le torrent d'abus qui en découle, depuis l'occupation française, pour les transactions immobilières, et qui grossit chaque jour en continuant de compromettre l'existence et l'avenir des acquéreurs de biens, est arrivé à son apogée.... Vous en allez connaître les principales causes ; votre zèle éclairé pour le bien public en fera justice.

» Vous avez, dans une circonstance solennelle, naguère flétri du poids de votre éloquence ces mêmes transactions; mieux instruit alors, vous auriez vu, la Chambre n'hésite pas à le proclamer, à part les méfaits de la spéculative destruction de quelques hommes sans aveu exercée sur quelques jardins autour d'Alger, qu'ils ont ensuite abandonnés, en général, du côté des acquéreurs, la loyauté dans les stipulations, la religieuse observance des conventions, même sur le point délicat des *pots-de-vin*, et cet abandon de confiance dans la foi des vendeurs, dont ces derniers, à d'honorables exceptions près, ont impunément profité pour exploiter à leur profit la ruse, la duperie et la fraude.

» Ils ont en cela été merveilleusement secondés par l'ordre de choses existant, car, soit préjugé, mauvaise volonté ou incapacité des écrivains des cadis, ou encore duplicité des entremetteurs d'affaires interpréteurs, toujours est-il que, sur vingt, à peine un contrat a rendu les conventions comprises par l'acquéreur et par lui clairement expliquées. Ici sont :

» 1° Des propriétés situées dans l'Atlas, et quelquefois au-delà, vendues comme existant dans la plaine de la Mitidja ;

» 2₀ Des noms de vendeurs dans un acte de notoriété fait de la veille, qui sont dénaturés ou entièrement changés dans l'acte du lendemain, passé par les mêmes écrivains ;

» 3₀ Des stipulations omises, favorables à l'acquéreur, ou introduites, qu'il n'eût jamais admises, ou enfin, suppléées à d'autres, et toujours contrairement à ses intérêts ;

» 4₀ Une procuration arabe, autorisant à vendre pour une rente perpétuelle de 300 boudjous, et défendant de garantir la contenance de la terre dont se sert le mandataire pour vendre le même immeuble à 200 boudjous de rente, avec garantie de quarante paires de bœufs, action laissant au mandant le droit d'annuler l'affaire au préjudice de l'acquéreur, ayant, au moyen de la réduction de la rente, payé un fort pot-de-vin en dehors du contrat qu'on pourra, dans ce cas, lui méconnaître ;

» 5° C'est le quart, le tiers, le neuvième, etc., ou, qui pis est, une portion indéterminée, au lieu de la totalité d'une terre que l'acquéreur a cru acheter ;

» Là, et c'est où gît le plus grand mal,

» 6° C'est un bail à temps substitué au contrat de vente à rente perpétuelle convenu entre les contractans ;

» 7° Ce sont des prix d'achat excédant ceux arrêtés et des rentes perpétuelles tierçant ou doublant celles convenues entre les parties ; erreur dont profitent toujours irrévocablement les indigènes ; une seule s'est glissée dans le sens inverse, à la connaissance de la Chambre : il s'agissait d'une rente perpétuelle convenue à 150 boudjous, écrite seulement pour 100 boudjous.

Le Français qui en aurait pu profiter s'est empressé de la faire rectifier ;

» 8° Ce sont généralement pour les terres de la Mitidja que l'acquéreur ne pouvait, et ne peut encore aller voir, des superficies de terrains annoncées frauduleusement, et quelquefois effrontément garanties par le vendeur pour des quantitées doublant, décuplant, et quelquefois centuplant la réalité.

» On croirait à tort qu'ils engagent là autre chose que leur conscience. La première, ou les premières années de la rente, toujours exigées d'avance, et l'indispensable pot-de-vin, les couvre ordinairement, tout d'abord, de la valeur totale de l'objet vendu et d'un bénéfice illicite, dépassant, suivant les circonstances, d'une à dix fois et plus, cette valeur. Tel, par exemple, vend une propriété pour 100 paires de bœufs, à 200 ou 300 boudjous de rente perpétuelle, en perçoit trois années d'avance avec un pot de vin de 1,500 fr. à 2,000 fr., propriété qui ne lui a coûté pour tout achat que 50 à 100 boudjous une fois payés. Quant à la vérification du terrain, la retenue stipulée à raison de tant par paire de bœufs qui se trouvera en moins sur la rente, l'aura réduit à zéro, l'acquéreur n'en aura pas moins été volé. Que sera-ce donc, comme cela existe le plus fréquemment, quand aucune restriction prise ne l'affranchira de la rente ?

» La friponnerie de certains de ces vendeurs est si audacieuse, qu'en divers cas, dans les jardins du massif comme dans les fermes de la plaine, ils ont conduit les acheteurs sur les lieux et leur ont montré, à côté de leurs domaines, comme en faisant partie, d'immenses propriétés appartenant à leurs voisins, et grace à la formule des actes des cadis, ces misérables jouissent de l'impunité.

» 9° Ce sont des ventes faites sur des titres faux ;

» 10° Enfin, ce sont des titres sur lesquels les mêmes propriétés ont été plusieurs fois vendues, quelques indigènes ne reculant devant aucun moyen de spolier l'avoir des Européens ; presque pris en flagrant délit, comme cela est quelquefois arrivé, ils en ont été quittes pour trois ou quatre jours de prison et quelques coups de bâton appliqués sous la plante des pieds.

» Attribuer ces faits ou plutôt ces délits, ainsi qu'une multitude d'autres non moins répréhensibles qu'il serait trop long d'énumérer, dont les Européens peuvent d'autant plus difficilement se préserver d'être victimes qu'ils ne connaissent l'engagement qui les y soumet que lorsqu'il est consommé, c'est-à-dire, après la traduction qui suit l'enregistrement des contrats, les cadis ne s'en dessaisissant que pour les remettre au receveur ; attribuer ces délits, disons-nous, à la seule rapacité des Juifs, entremetteurs, interprètes des affaires qui en sont la cause, ne serait pas plus rationnel que de croire que tous y aient été entièrement étrangers, parce que si quelques turpitudes de leur fait ont été dévoilées, d'un autre côté l'assistance d'interprètes assermentés, employés exclusivement par quelques acquéreurs pour la passation des contrats arabes, n'a pas préservé ces actes des vices et de la fraude dont la plupart sont entachés.

» En vain ces interprètes jurés ont tenté, à l'instigation de leurs mandans, de faire introduire quelques améliorations dans la rédaction de ces actes, la volonté des écrivains y a toujours été substituée à celle des contractans, et ce n'a pas été sans des instances inouies, qu'en certain cas seulement, l'abornement souvent inexact des terres, le rapport des boudjous en France à un change déterminé, la provenance des immeubles et quelques autres spéculations non moins importantes, ont été arrachés à leur tenacité.

» La Chambre de commerce, sans examiner s'il n'a pas été impolitique et si ce n'est pas à nos dépens perpétuer les abus d'un peuple que nous voulons civiliser et retarder cette civilisation, que d'avoir laissé subsister l'institution vicieuse des tribunaux arbitraires des cadis, si peu en harmonie avec nos mœurs, émet le vœu, d'après les motifs qui précèdent, que l'attribution de faire les transactions immobilières, entre indigènes et Européens, leur soit retirée, et qu'ils n'aient désormais qualité que pour certifier, *sous leur responsabilité person-nelle*, la validité des titres et l'identité des propriétés et des personnes ; elle solicite, M. le commissaire spécial, votre puissante intervention pour obtenir du roi cette bienfaisante amélioration, dont le moindre avantage ne serait pas d'affranchir l'acquéreur de la taxe, chaque jour croissante et déjà exorbitante, exigée par l'acte arabe, taxe qui ne le dispense pas des honoraires bien moins coûteux du notaire, ordinairement appelé à rectifier, quand il y a possibilité, les bévues maladroites ou mal intentionnées des écrivains des cadis.

» En attendant, M. le commissaire spécial, la Chambre de commerce réclame de votre justice éclairée :

» 1° La désignation immédiate, aux promotions de M. le gouverneur, d'au moins un commissaire spécial auprès de chaque cadi, pris parmi les interprètes traducteurs les plus probes et les plus capables, ayant mission d'éclairer les Européens sur la nature et la validité des titres des propriétés qu'ils achètent, de veiller dans l'intérêt des contractans à ce que le contrat soit l'expression fidèle des conventions arrêtées entre eux, et d'en faire immédiatement la traduction pour qu'elle soit en même temps enregistrée ;

» 2° Des ordres pour que tout individu, à quelque religion qu'il appartienne, soit admis à constater devant les cadis et à assister à la passation des contrats comme intermédiaire requis par l'un ou l'autre, ou par l'une et l'autre des parties contractantes ;

» 3° Un tarif réglant les honoraires des cadis et surtout le coût des copies certifiées qu'ils font payer, à raison de l'étendue des lignes, souvent beaucoup plus cher que les actes mêmes.

» Ce tarif pourrait en outre régler ce que chaque contractant aurait à payer au commissaire spécial, de manière que la création de cet emploi ne soit point une charge pour l'état ;

» 4° Enfin, que des heures dans la journées soient exclusivement consacrées par les cadis à la passation des transactions immobilières, pour garantir les actes des inconvéniens résultant de leurs rédactions au milieu du tumulte des audiences, ou, ce qui vaudrait mieux, qu'un local particulier y soit affecté, d'où les écrivains et les parties pussent, sans trop de dérangement, consulter ce magistrat.

» La Chambre de commerce, confiante dans votre amour du bien, est convaincue qu'elle ne vous aura pas vainement signalé ces améliorations.

» Agréez l'assurance de la haute considération de chacun de ses membres, et croyez,

» M. le commissaire spécial,

» A son entier devoûment.»

A M. Laurence, membre de la Chambre des députés, commissaire spécial de la justice et procureur général, par intérim, près le tribunal supérieur dans les possessions françaises du nord de l'Afrique, à Alger,

9 782014 115017